AF285803

Himmlischer Gott

Höchste Ehre Deiner Dimensionen,
Gütige Feier des Glaubens Scheitel.
Treu Dir Baumeister aller Welten
Flügeln freie Wesen fortschrittseitel.

Stoß auf einer Menschlichkeit Tor,
Gesellschaft freier von stetiger Arbeit.
Schmilz Fortschritt und Soziales vor,
Erwacht endlich die Allgemeinheit.

Dein ist Deutschland und die Erde,
Rom weist eine Brüder Sicht.
Gib den Schwachen Deine Stärke,
Nimm den Frohstand in die Pflicht.

Voller Kraft und Zuversicht
Verneigt das ganze All sich Dir.
Heilend Segnungen Gewicht,
Amen und ein starkes Wir.

Glück Neujahr

Neujahr steigt in seiner Macht,
Fest erschlossen Freudenquellen.
Jauchzend Zyklus angefacht,
Edle Vorsätze wach schellen.

Trommelwirbel und Fanfarenklang
Lauf Weltenplan kommet.
Dieses Jahr noch ungetan,
Neuem Wagen frommet.

Januar prägt Wechselzeit,
Zieht Tage in die Länge.
Wirkt so sauber und so rein,
Motivationen drängen.

Januar

Belebend länger Tage,
Winters hohe Pracht.
Kälte Minusgrade,
Ziele neuer Pfade.

Helgoland

Leinen los Matrosen unsrer Hochseeinsel!
Bunten Sandsteinfelsen herzlich kreuzen,
Die Touristen sind das Hauptmitbringsel.
Fallersleben schrieb hier Lied der Deutschen.

Muttersprache Vaterland

Muttersprache weich gesandt,
Hart trägt gegen Vaterland.
Sprache dem Lande ein Kind,
Wer will's haucht der Wind.

Liebewort nebst Streichelklang,
Dem Respekte Machtgesang.
Tief gerührt im Seelengrunde
Wächst die Schale diesem Bunde.

Noch gewiegt im Turme
Fliegt frei Adler im Sturme.
Scheu anfangs liegt die Identität,
Unbewusst fleucht die Nationalität.

Ostfriesische Inseln im Wattenmeer

Nationalpark gleich Schutzwall.
Plattdeutsch und Silbermöwen.
Baltrum, Borkum, Juist, Langeoog,
Norderney, Spiekeroog, Wangerooge.
Westnordfriesische Inseln in Familie.
Luftig ampelt manche Meeresprise.

Ostfriesland

Ebbe und Flut und Seehunde.

Moin, moin heißts Tag und Nacht
Festigter Schlicke und sandiger Geest.
Flachland weitet Himmel sacht
Und endlos Weidevieh döst.

Zwischen Dollart und Wangerooge
Liegen Teestuben mit Kandiszucker.
Leer hebt Wasserburg Even Woge,
Emdens Matjestage ziehen Kutter.

Gretsiels Krabben Fischerflotte
Ergänzt Aurich in der Mitte.
Moormuseum kommt aus dem Potte,
Ostfriesen Witze sind woanders Sitte.

Bremen, Bremerhaven

Kleinstes Bundesland an der Weser
Besteht aus Bremen und Bremerhaven.
Bronzen Stadtmusikanten weiß der Leser.
Unweit wurzelt Baron von Münchhausen.

Fantasien im Bremer Ratskeller zu Wein,
Neualtes Rathaus, Dom Sankt Petri.
Renaissance Stadtwaage erhebt das Sein,
Glockenspiel Böttcherstraße füllt Jugendstil.

Werke aus dem 14.Jahrhundert,
Heimelig Wirtshäuser, Handwerkerlädchen.
Im Schnoorviertel angenehm verwundert
Sind nicht nur die Jungen und Mädchen.

Nachbauten historischer Schiffe,
Kunsthalle, Museum Übersee,
Englisch stilhaft Bürgerpark im Griffe,
Bremer Vergangenheit zu sehn.

Azaleen-Ausstellung und Botanika,
Schloss Schönebeck und die Seehafenstadt.
Kaffeerösterei, Werften, Stahlhütte da,
Gehandelt wird Baumwolle, Tee und Tabak.

Textil- und Elektroindustrie
Bessert neue Dimensionen.
Bierbrauerei und Ölraffinerie.

Ein Raumfahrtzentrum baut Visionen.

,

Morgen verlässt kleines Schiff Bremerhaven,
Seemann vergiss niemals dein Träumen!
Blau wellt sich die Nordsee am Fischfanghafen,
Zoo am Meer wollen wir nicht versäumen.

Polar- und Meeresforschungsinstitut,
Historisches auf den Morgensternflächen.
Deutscher Kriegs- und Handelsmarine Gut
Und Museums- Uboot können bestechen.

Nordlicht Flensburg

Trotz mancher Verkehrspunkte
Bleibt Flensburg ein hübsches Städtchen.
Bei Hochmoor, Förde und Fröruper Bergen
Denkt frühgroßer Handelsplatz seinen Werken.

Norder- und Südermarkt zentren
Kirchen und Häuser aus der Blütezeit.
Vorbildlich Kloster zum Heiligen Geist
Stiftet armen und alten Mitbürgern meist.

Die Phänomenta zeigts physikalisch.
Dort am Bohlwerk liegen Traditionssegler.
Besonders ehrt ein Museum den Rum,
Wasserschloss Glücksburg lieben wir d'rum.

Februar

Am kürzesten die Zeit,
Frost bäumt noch mal auf.
Draußen lebenswert,
Wenn man Schlitten fährt.

Kiel, dort oben

Passagierwerft bindet Gäste
Am Nord-Ostsee-Kanal.
Die Segelwoche bietet Feste.
Der Fährverkehr ist skandinavial.

Opern- und Rathaus, Nicolaikirche
Gestalten erfolgreich marktumringend.
Vor Anker liegt Schifffahrtsgeschichte.
Ein Zentrum Garten der Künste bringend.

Kielhaft gewaltig säumt der Warleberger Hof.
Schulmasten *Gorch Fock* gehören Tirpitzhafen.
Düsternbrooker Gehölz und Stadtteil in Schwoof,
Christian-Albrechts-Uni lehret ausgeschlafen.

Ein Museum mineralogisch petrografisch.
Botanikum tausender Pflanzen Art.
In Hallenbads Meerwasser springen wir frisch,
Hält mein Heimathafen seine Fahrt.

Mondscheinsuite

Über goldenem Dache
Bieten wir die Mondscheinsuite,
Eine 300 Quadratmeter Flache.

Aus Wände langer Fensterfront
Reist der Ausblick übers Weiteland hin,
Die Sichtkuppel durchscheint der Mond.

Dem sinnenden Refugium
Prasselt ein offener Kamin,
Kosmisch ist's kleine Studium.

Zwischen unbezahlbaren Antiquitäten
Entspannen Sie in tiefen Couchen
Zu Champagner Aktivitäten.

Seien Sie großzügig
Und nehmen Sie ein Bad.
Wohn- und Schlafbereich sind vorzüglich.

Ostseewellend Rostock

Schau mir in die Augen
Leuchtfeuer mit Hafen.
Abendlicht Wünsche taugen
Einem Klange von Harfen.

Kröpeliner und Mönchentor,
Bürgerhäuser an Marienkirche.
Ein Kuhtor und ein Steintor,
Ehemals Rostocker Münze.

Schifffahrtmuseum und Ständehaus,
Kirchlich Nicolai, die Petri.
Holzkonstruiertes Hausbaumhaus,
Lange Straße mit Hallotri.

Fußvolk schlendert Kröpeliner Straße
Zum Brunnen der Lebensfreude.
Slüter-Denkmal im Reformate,
Blücher-Denkmal, Siegeszeuge.

Historisches im Zisterzienserinnenkloster,
Hafen sammelt Jachten und Großsegler.
Nordeuropakünste am Schwanenteich postern,
Nach Warnemünde geht baden, jeder.

Ostseeparadies Rügen

Groß bist Du wie Berlin,
Dein Angesicht Touristenmekka.
Bergen, Baabe, Binz, Sellin,
Baden, Wandern ohne Meckern.

Kraft zur Freude Ferienlage.
Schmal Steinstrände, steil Küstenkliffe.
Zum Wechsel breit, fein Strände Sande.
Kap Arkonas Türme für die Schiffe.

Kreidefelsen Küste aus der Saurierzeit,
Kleiner Bäche Nationalpark Jasmund.
Vogel Schwärme zum Träumerkleid,
Harmonie Damhirsch, Hase, Marderhund.

Typisch von Buchen durchdrungen
Und Schatten spendender Alleen.
Strengkältisch Bodden zugefroren,
Akademie Naturschutz Insel Vilm.

Wellig bewaldet Hügel und Ebenen,
Strotzend Wiesen, sumpfige Moore.
Schlank Kraniche Septembers zu sehn.
Sonderzug *Rasender Roland* Folklore.

Fürstlich Residenz Putbus, Fischerei Sassnitz,
Nautineum, Marine Geschichte Museum.
Tempelberges Jagdschloss Branitz,

Mukrans Fähre nach Schweden, Baltikum.

Gerhart Hauptmann Haus steht auf Hiddensee.

Heilsam Usedom

Lang- und feinsträndig Usedom
ist seiner Heilbäder Ahlbeck, Heringsdorf
und Bansin berühmt.

Das bringen die gesunden Seelüfte,
welche selbst den Dichter Maxim Gorki
Lungenheilen ließen.

Beachtenswert erscheinen Ahlbecker Seebrücke
Mit Gastronomie, das Naturschutzgebiet
Möwenort
und das
Historisch - Technische Informationszentrum.

Meecklenburger Platte

Himmelreich Plattdeutschland!
Hier kann die Seele aufatmen.
Anders umschließt jeder Seenrand
Die Garantie stiller Badebuchten.

Riesigstes Wasserrevier Mitteleuropas flächt
Zwischen Güstrow, Rheinsberg, Feldberg, Schwe-
rin.
Rote Mohnfelder selbst hinterm Horizonte dächt,
Türkis glitzert Wasser durchs Morgentor hin.

Einsame Waldwege an grünen Hügelketten,
Wölkchen Himmel spricht Eigensprache.
Landwirtschaft Gebiet – Altbauern Stätten
Und die Bäume wachsen zur Alleenstraße.

Reiner Kiefern, Buchen, Mischwäldern
Liegen Nationalparks breit gesät.
Hunderter Vogelarten gedeihen Länder,
Den Findlingen ist es schon spät.

Sommerklassik erschallt aus Scheune,
Berühmt erscheint die Schreiberzunft.
Kirchen, Schlösser, Traufehäuser schauen
Wie Reuter und Fallersleben Kunst.

Seenkrone Schwerin

Beritten Gründer Heinrich der Löwe
Überschaut nachmittelalterlich Zentrum.
Vom etwas Gotischen und der Renaissance
Geht es zum Historischen Museum.

Staatstheater und Altes Palais,
Alter Garten im Überfluss,
Märchenschloss im Schweriner See,
Mecklenburgisch fügt der Guss.

Herausragend liegt der Dom
In norddeutscher Backsteingotik.
Propstei- und Paulskirchen Strom,
Schelfkirche in Sakralerotik.

Wandelstadt Hamburg

Flaggschiff sirenener Ferne
Lädt Ahoi und Ahoi.
Seemänner kommen gerne
Rauschender Brandung neu.

Kulturen zeugen Norddeutschland.
Alster und Elbe entwerfen ein Gesicht.
Schlendern den Jungfernstieg entlang,
Das ist Leben wie spritzende Gischt.

Debattenlieb Hamburgische Staatsoper,
Fein Rathaus ziert die Bürgerschaft.
Sankt Petri, Jacobi stehen als Kirchenvertreter.
Kunstgewerbe ins Museum geschafft.

Facette Deutsches Schauspielhaus,
Zur Kunsthalle unbedingt hab Acht.
Musischer ruft uns das Brahms Haus.
Wahrzeichen Michel weicht keiner Nacht.

Tausende Schiffe im Jahr zu Besuch
Reichern Speicherstadt Hamburg.
Aale, Aale tauft Fischmarktruf
Frühaufsteher Sonntagsspurt.

Originell ein Zollmuseum.
Reeperbahn amüsiere Dich!
Geistigem Feld gedeiht Volksfest Dom.

Verheißen Ernst-Barlach-Haus Grafik.

Hagenbecks lebend Tierparkzeit,
Feine Blankenese Villen.
Museum Volkshof und für Arbeit.
Fest Harburger Vogelschießen.
Hamburg muss sein!!!

Stimmungshit

Totale Feier, scharfe Sachen,
Amanda zeiget ihre Superwaffen.
Alkoholiker und Zecher
Tanzen auf dem Eisbrecher.

Bravo, bravo Megaschuft,
Rosetta meilt in Liebesduft.
Superhelden und Discofechter
Tanzen auf dem Eisbrecher.

Heute kracht der Hammer,
Mix sprengt jede Kammer.
Es zucken die Geschlechter,
Tanzen auf dem Eisbrecher.

Schaukeln durch die Lüfte geigen,
Reflektoren fallen und steigen.
Laserlichtes Farbenstecher
Tanzen mit dem Eisbrecher.

Einst Kolonien

Rührende Erinnerungen leben:
Deutsch-Südwestafrika
Kamerun und Togo
Deutsch-Ostafrika

Abenteuerhauch schweben:
Deutsch-Neuguinea
Marshallinseln und Nauru
Teilsamoa

Unterm Reichsadler gelegen:
Marolinen
Palauinseln und Kiautschou
Karolinen

Lebe wohl deutsche Exotik!

Reinste Schokolade

Gelb oder rotbraun Trockenbeeren,
Plantagenbauern Daseins Beute.
Des Kakaobaums Stamm gewachsen,
Freigelegt Bohnen durch Machete.
Schoko, Schoko, Schokolade.

Nach gründlich Fermentierung Tage
Liegt exotisch Kolonialprodukt.
Haben Bohnen ihre braune Farbe,
Meister Schokoladee schon zuckt.
Schoko, Schoko, Schokoriegel.

Kakaomasse Ursprung schönster Sache,
Butter und Öl binden Geschmack.
Geruch und Gewürze hinzu vom Fache,
Maximum Aroma, Vanille im Pack.
Schoko, Schoko, Schokofüllung.

Frische entwickelt im Munde,
Kaminfeuer Wärme von Innen.
Nougat, Marzipan, Trüffelkunde,
Präzise Struktur, schmelzend Pralinen.
Schoko, Schoko, Schokotafel.

März

Frühlings Blüher Durchstoß,
Sonne intensiv.
Zeichen erster Grünung,
Mehr Wärme zur Verfügung.

Blühe Lüneburger Heide

Ferien zwischen Weser, Aller und Elbe
Gedeihen Fachwerkbauten voller Zier.
Birken gesäumte Sandwege erreichen dasselbe,
Unter Wacholdern wächst das Heidekraut hier.

Schafherden ziehen pflegend durchs Land,
Regeln der Pflanzen gewollte Triebe.
Bienen Völker versüßen den Stand,
Imkerei Häuschen im Puzzle der Liebe.

Golfen, Reiten, Wasserwandern
Und per Kutsche durch die Heide.
Naturschutzgebiet zu allem andern
Passen in der Schriften Kleide.

Kieselgur holt Mensch bei Unterlüss.
Präsentiert wird Salz und Pferde Geschichte.
Ewig bleibt Deine Anmut gewiss,
Lüneburger Heide, Du Heimatliche.

Fontanestadt Neuruppin

Geschlossener klassizistischer Stil
Umrahmt die Kirche Sankt Trinitatis.
Der Dichter Fontane und der
Baumeister Schinkel prägten hier.
Eine Mark Brandenburg Wanderung
Bekrönt die Neuruppin Erfahrung.

Deutsche Eiche

In der Gattung Buchengewächse
Sind über 700 Lebensjahre ersucht.
Gesägte bis gelappte Blätter hängen Äste,
Eichel gedeiht zur stärkereichen Frucht.

Sinnbild Kraft und Freiheit
Weist auf den Donarstag.
Verehrung der Germane weiht
Heilig Eiche, fest und stark.

Deutschland pflanzt sich fort,
Der Eichenwald brauset.
Fürchten Deutsche Gott
Oder sich selbst auf der Welt?

Es war meine Heimat

Ihr seid immer noch so schön,
Wenige wolln zu euch ziehn:
Danzig, Breslau, Königsberg,
Deutsch Krone – Walcz.

Alte Kameraden,
Lange nicht gesehn:
Ostpreußen, Pommern,
Mein Mädchen Schlesien.

Neue Zeit lässt Staaten zerrinnen,
Verständigung will hohem Sinnen.
Lauschen wir und lassen geschehn,
Keine Unrechtsgrenzen mehr ziehn.

Erdunion

Staaten wachsen in die Fassung
Zur gegebenen Verfassung.
Keine Nation Gesicht verliert,
Gemeinsamer wird jetzt regiert.

Menschenrechte, Wirtschaftsethik,
Kein Belang mehr in Polemik.
Europa läuft in Evolution,
Das Samenkorn zur Erdunion.

Befreundete Geheimdienste

Freunde helfen in der Not.
Mit U-Booten, Panzern
Kampfhubschraubern.

Erschaffung der Welt

Schaffung einer sozialen Welt
Zur jetzigen Realität.
Abwechslung tut gut.

Reicht euch weltweit die Hände zum Bunde!

Heraus aus den Häusern gegen den Krieg!
Beseitigt die Armut, dann steht der Sieg!
Seid bereit und fest entschlossen,
Wenn wir mit den Genossen
Auf der Straße der Freiheit ziehn.

Reicht euch weltweit die Hände zum Bunde!
Gegen das Leid und Zerstörung Wunden!
Seid bereit und fest entschlossen,
Wenn wir mit den Genossen
Auf der Straße der Freundschaft ziehn.

Ihr Friedenskämpfer, wollt ihr so vergehn?
Weißfahnen sollten über Erden wehn!
Seid bereit und fest entschlossen,
Wenn wir mit den Genossen
Auf der Straße des Friedens ziehn.

Dasein heute

Unsinnigste Sozialgesetze.
Menschenverachtende Beschlüsse.
Stabil erwachsende Armut.
Keine Arbeit, keine Zukunft.
Arbeiter drohen im Fernsehen mit Krieg.
Auch die Romanows haben bis zum Schluss ge-
tanzt.

Geber Präsident

Mein Dasein ist mir nicht geheuer,
Ein Vorgänger erlag dem Mündungsfeuer.

Weg mit den Gewerkschaften,
Kündigungsschutz lahmgelegt.
Nur eingestellt bis 30,
Alte weggefegt.

Die Wirtschaft muss florieren!
Ab 75 Rente, kein Arbeitslosengeld.
Unbeschäftigte in Reserve,
Das ist meine Welt!

SGSG
(Soziales Grundsicherungs Gesetz)

Garantiert Ausbildung und Arbeit
Bis 33 Jahre soweit.

Dann erst Grundrente jedem Bürger,
Steigt zu jedem Geburtstag um 2Euro.

Besitz, Zuverdienst nicht gegengerechnet,
Arbeit Nebenkosten abgezogen richtig.

Behörde prüft geregelt solch Sachen,
Viele Menschen können wieder lachen.

Deutschland weine nicht

Deutschland weine nicht Deiner gefallenen Soldaten.

Deutschland weine nicht Deiner gefallenen Kaiser.

Deutschland weine nicht Deiner gefallenen Diktatoren.

Deutschland weine nicht Deiner gefallenen Politiker.

Deutschland weine nicht Deiner gefallenen Vergangenheit.

Deutschland weine nicht.

Polizeiwesen

Nichts Menschliches ist uns fremd
Und sei`s ein Kettenhemd.
Wir kennen Ausländerparolen
Und Zigaretten aus Polen.

Wir müssen tragen Straßengewalt
Und Chaostage in ihrer Gestalt.
Wir stehen zwischen links und rechts,
Schützen die Bürger im Grundgesetz.

Kommen aus Nahost neue Viren,
Auch die müssen wir parieren.
Auf Befehl wird geschützt und abgesperrt,
Dazu Gängster selbstverständlich geklärt.

Haupt Stadt Berlin

Nie ist Berlin heute,
Wie es gestern war.
Vibrierend Metropole,
Wechsel Szene Star.

Stadt mittet Brandenburger Tor,
Viktorias vierspännig Streitwagen.
Dem Pariser Platz steht es vor,
Preußens Pracht Unter den Linden.

Königliche Bibliothek, Humboldt Universität,
Opernhaus,
Zeughaus, Neue Wache feudal erdacht.
Nicht nur Historikern begeisternd steht,
Plastik Friedrich II. darüber wacht.

Wahl schönster Platz Gendarmenmarkt,
Schinkel klassizistisch Schauspielhaus.
Deutsch, Französisch Dom, Schillermal,
Grandiosität, Weitläufigkeit schlägt aus.

Fünf Vergangenheit Bauten Museumsinsel.
Altes, Neues, Bode, Pergamon Museum
Und kreativ Nationalgalerie Pinsel.
Entfernt ruft das *Natur Kunde Museum*.

Geschichte schreibt Berliner Ensemble,
Friedrichstadtpalast, Deutsches Theater.

Kulturforum und Kammerspiele,
Deutscher Sprache Bühne Schiller.

Typisch Gebäuden berliner Bezeichnung,
Goldelse Viktoria Siegessäule steht.
Heinrich Zille, Berühmtheiten Ehrung.
Berliner Grünfeld Tiergarten zieht.

Rot Backstein Rathaus Stadt regiert,
Alexanderplatz und Weltzeituhr.
Im Fernsehturm das Kaffee rotiert,
Pulsierend Zentrum Schwur.

Berühmt Gesundheit Haus Charitee.
Auch Arten reichstes Zoodasein der Welt.
Für Frieden Halt Gedächtniskirche,
Checkpoint Charlie zur Deutschen Einheit.

Gottes Huldigung Sankt Hedwigskathedrale,
Sankt Marienkirche, Berliner Dom.
Friedrichswerdersche, Nikolaikirche,
Kein Schäflein geht verlorn.

Regierungsviertel Massen Begehren.
Dem Volke modernisiert Reichstag.
Ort des Bundestages Ringen,
Hauptstadt würdig Spreebogen Lag.

Botschaften Innen und Außenländer,
Schloss Bellevue Präsidentensitz.

Potsdamer Platz steht im Futur,
Kontrast Charlottenburger Schloss.

Universitäten in eignen Sachen,
Thälmannpark und Friedrichshain.
Nicht am Rande zu erwähnen
Treptower Park und Plänterwald rein.

Zitadelle, Tegeler See,
Olympia Stadion und Humboldt Schloss.
Pferde Sport wird nicht vergehen
Hoppegarten, Mariendorf und Karlshorst.

International Flieger Bindung schufen
Die Häfen Tegel und Schönefeld.
Nachts legt sich der Funkturm schlafen,
Den Kinderlein wird hier erzählt.

Gute Nacht

Dunkelheit ruft die Nacht,
Tageswerk ist vollbracht.
Bett Decke hinzu,
Schließ Augen zur Ruh.
Schlaf ein, Schlafe ein,
Endlich Friede soll sein.

Englein Dir wacht,
Schützend mit Macht.
Lass los diese Stund,
Morgen neue Kund.
Schlaf ein, Träume fein,
Friede wird sein.

Einheitsdenkmal

Erinnerung sucht Halt.
Deutscher Einheit luftleer Raum.
Ein Denkmal braucht Gestalt!

Erhöhter Tempelbau mit Ringtreppe,
Überbau in Form der Republik.
Deutschlanddach einer Denkmalsteppe.

Runder Tisch Zentralelement
Kaltkrieges Ende symbolisiert.
Aufmerksamkeit wird hingelenkt.

Freiheitskämpfer streben dahin
Als naturgroß Plastiken.
Beschriftete Aktivisten sollen ziehn.

Außerhalb am Rand dieses Mals
Je ein Sockel am BRD- und DDR-Teil
Und passend Figur von damals.

Körpergewaltiger Kanzler H.K. feierlich steht
Mit erhobenem Zeigefinger,
Mahnt falscher Erwartungen, übertrieben Nationa-
lität.

Der große Mann aus der FDJ E.K. menschlich
schlau
Beim Mauerfall ohne Schießbefehl

Mahnt Zeigefinger erhoben vor Gewalt und Sozialabbau.

Viele Plastiken ohne Namen
Beschreiten die Außentreppe,
Tragen wehende Deutschlandfahnen.

Vier Tafeln verteilt einem Lesevergnügen der Zeit:

Ein Gedicht
Ein Text
Ein Augenbericht
Zur Bedeutung

Ort: Schlossfreiheit Berlin

Hochglanz Potsdam

Preußisch Umschau folgt den Schlössern,
Jung Militär geprägte Stadt.
Natur gleich ständig am Verbessern,
Wiege dem Großen Heimatstatt.

Einfall Brandenburger, Nauener und Jägertor.
Lang laufen die Kerls noch heute.
Zierde Alter Markt mit Nikolaikirche vor,
Freigeist *Kontrast Holländisch Viertel*.

Hugenotten Französische, Orthodoxen Newski
Kirche.
Hohenzollern letztes Schloss Cecilienhof.
Geschichte liefernd Potsdamer Konferenze.
Filmstadt Babelsberg im Schoß.

Sanssouci ohne Sorgen, Park glücklicher Bauten,
Philosophischer und Musischer Neigungen Fach.
Friedenskirche, maurisch Wasser Pumpwerk Rau-
ten,
Traumhaft Barocktheater unterm Potsdamdach.

Das Belvedere auf dem Pfingstberg.
Gedenken Kartoffel durch den König.
Bricht hervor sein Tugendwerk.
Berlin Glienicker Brücke zackig.

Magdeburg seiner Börde

Östlich vieler Felder
Des Weizens und der Zuckerrüben
Konnte Otto von Guericke – Forscher
Magdeburger Halbkugeln üben.

G.P. Telemann kam hier zur Welt.
Kloster Unserer lieben Frauen,
Dom Sankt Mauritius und Katharina wohlgefällt,
Das Kulturhistorische zum Himmelblauen.

Marktplatzbrunnen überragt
Standbild Magdeburger Reiter.
Barockrathaus und Rotehorn Park,
Kleinodien, Lukasturm, Stadthalle
Gedeihen Besuchern als Begleiter.

Frühjahrsputz

Klar sind alle Scheiben,
Jeder Hausflur frei geputzt.
Rasen lädt zum bleiben,
Schneeglöckchen verdutzt.

Alle Zimmer sauber,
Viel Wege freigelegt.
Knospen beschaulicher,
Manche Blüt' sich regt.

Selbst elegantes Auto
Gibt Sonnenlicht zurück.
Tierwelt folgt dem Motto,
Scheu Frühjahrsputzes Glück.

Harz Brocken

Erlesen nicht allein Berge, Wälder.
Doch wichtiger als Zelt und Gut
Wechseln reiche Landschaft Felder,
Füllen Natur Schönheiten Wut.
Noch Spuren geläuterten Bergbaus
Vollenden und wiegen Fachwerkstädte.
Begierde Burgen, Schlösser, Sakralschaus
Entzückt europagrößtem Schmalspurnetze.

Begrüßenswert Harzquer, Brocken, Selketal Bahn.
Verloren gefundene Sagen, Mythen, Märchen,
Walpurgis hübsche Hexen geben Anteil daran.
Hoch sinnen Kneipp- und Moorheilbäder.
Zum Bestaunen winken die Bergseen
Bei oval Gebirges Höhen Nationalpark.
Dichte Mischwälder der Fichten und Buchen,
Sanfte Täler, schroff Bergesrücken Ertrag.

Hinter den Gründen verborgen
Schwarzstörche, Auerhühner, Eulen,
Käuze, Uhus, Luchse, Wildkatzen,
Bergwiesen Orchideen und Feuerlilien.
Schmackhaft Forellen klarer Bäche.
Wildbret, Pilze, Heidelbeeren tiefen Waldes.
Iberger, Rübelander Tropfsteinhöhle.
Rosarium duftend Sangerhausens.

Allerhöchster der Brockenberg.

Kyffhäuser Kleingebirg für sich.
Mit Fruchtbarkeit Aprikosenwerk.
Bodetal Fluss im Felsenriss.
Kultstätten Hexentanzplatz, Roßtrappe,
Barbarossas Höhle Barteslängen.
Wernigerode, Quedlinburg Attrakte,
Idylle hinter Lattenzäunen.

Perlig Stolberg Thomas Müntzer Geburt,
Oberwiederstedt dichterwärts Novalis.
Geheimnisvoll uralt Wasser Westerburg,
Burg Falkenstein des Märchenfilmes.
Reich Jubel nicht geringem Getöse
Schlittenhundrennen, Winterfeste, Osterfeuer,
Walpurgis und Kaiserfrühlings Erlöse.
Viel mehr unserm Harz so teuer.

April

Wetter wechselhaft,
Launisch Sonne, Schnee.
Herunter Wachstum Wasser,
Pflanzen lieben's nasser.

Entwicklung

Zuerst Sein oder Bewusstsein
Oder gilt's die Welt zu ändern?
Der große Geist schuf Erde Schein
Um materiell Erfahrung zu Entern.

Das Wesen der Welt ist reine Ekstase
Und gleißend Liebe Flammen Licht.
Ein Abschnitt nur die Erdenphase,
Neu Schätze schaffend Zuversicht.

Ob Teil des Geistes oder nicht,
Bewusstsein steckt in jedem.
Besserung Existenzen Pflicht,
Mehrung bringt solch Regen.

Gottesdienst

Prüft die vielen Traditionen
Schwestern und Brüder.
Reformiert in Bußzeit Normen.
Wo steht unser Nächster?

Fluggedanken unter tragend Säulen.
Im Ausdruck des Schicksals wir Templer.
Das Leben weht seine Verbindungen,
Sonnenlicht vorspielt durch Überfenster.

Dein Morgen bester Gott,
Anblick Engel wie gewaschen.
Nun trittst heraus im Wort,
Wollen liebsten Namen haschen.

Kaleidoskop des Lebens
Gottesdienst für den Menschen.
Feiern biblisch Betens,
Kraft für den Alltag wünschen.

Erbarme dich aller Sünden
Kyrie eleison, Vater.
Wissensquell und der Güten,
Werke der Liebe vom Altar.

Erhebet der Herzen Lust!
Wir preisen den Moment unserm
Höchsten Herrn Jesus Christus.

Lobgesang Himmels Heiligern.

Osterfreuden

Am dritten Tag stand Jesus auf
Regierend Fasten Finale,
Feiertage mit Osterschmaus.

Gesteigert-fröhliche Farben
Legen Eier ins Ostergras.
Hasen im Schaufenster haben.

Forsythias gelbe Blütentracht
Und Eltern Süßes verstecken.
Kleine Küken im Einkaufsmarkt.

Osterfeuer, -wasser und –rad,
Ein Alkohol in manchem Ei.
Fruchtend *Ostermarsch Friedenstat.*

Welfenstadt Braunschweig

Welfenkönig Heinrich nach Ruhmes Größen
Gab Burg Dankwarderode seinen Löwen.

Vielseitige Stadt in Tradition und Heute,
Wo Till Eulenspiegel keine Streiche scheute.

Okerumflutet bei der Deutschen Fachwerkstraße
Technische Anstalt pflegt Standarddinge der Ma-
ße.

Atomgesteuert fliegt genaue Zeit
Gewandhaus und Sankt Blasii Geleit.

Luftfahrtbundesamt und wir
Trinken Mummes Stärkebier.

Niedersächsisch Hannover

Nördlich moorigt Urvegetation
Einem Götzen Momente.
Südlich Weserberglands Aufschwung schon,
Leinefluss heißt Tangente.

4 Häfen hausen Mittellandkanal
Verdienter Großsiedlung im Grünen.
Lönspark und Zoo phänomenaln.
Maschpark, Maschsee, Wald Eulenrieden.

An pflastergemalt Rotfaden
Rundgangt bei könig Opernhaus.
Georgstraße boulevard manch Laden,
Aegidienkirche will aus dem Efeu heraus.

Wilhelminisch Bürgermeisters Neuhaus.
Landes und Kestner Kulturgegenstände.
Dazu ein renommiertes Sprengelhaus.
Landtages Leineschloss gegen Einwände.

Am hohen Ufer entlang
Geht's zum Schauspielhaus Ballhof.
Originalgetreu Leibnizhaus Drang,
Marktplatz, Backsteingotik Sog.

Kirchen Kreuz und Sankt Johannis.
3 Park Herrenhausen mit Theater, Irrgarten,
Wilhelm-Busch-Museum Biss,

Schau für Kakteen- und Orchideenarten.

Hannoveraner Versuchung
Ist ein deutsches Turnierpferd
Nach Hengstleistungsprüfung.
Zukunft: CeBIT, Industrie begehrt.

Der Programmierer

Er setzt die Zeichen wie ein Schriftsteller,
Definiert, deklariert, initialisiert.
Ein leeres Blatt wird zum Bestseller,
Abstraktes verbindet objektorientiert.

Schlüsselwörter geben Eigenschaften.
Es entstehen Datentypen, Speicherklassen.
Operatoren knüpfen zu Instanzen,
Anweisungen komplexer fassen.

Schablonen leichtern die Wiederholung.
Felder und Zeiger richten Dimensionen.
Ganz wichtig die File- und Formatsteuerung,
Argumente übergeben tolle Funktionen.

Fehlerbehandlung wirft einige Fragen,
Prüfung veredelt das Meisterwerk schierer.
Die Beschreibung führt sogar Ausnahmen.
Lang lebe unser Programmierer!

Teutoburger Wald

9 nach Christus war's
Um die Römer geschehn.
Unsere Vorgänger schufen dazu das
Hermannsdenkmal auf der Grotenburg.

Dörenther Klippen, Externsteine,
Die Ravensburg, viele Wanderwege
Und Zwischenräume vereinen sich zu
Poetischen Landschaftspunkten.

Stillleben

Still frisch Obst in Schale,
Wem diese Kunst gefällt.
Ruhe strömt Gemale,
Betrachter virtuos behält.

Wo Moments symbolisch Gehalt,
Abgrund Sinn solch Komposition?
Bleibt Ahnung vor Bildraumes Walt,
Vollständig Umgebungs Tradition.

Leichte Vergänglichkeit.

Schicksals Melodei

Verloren die Kinderspiele,
Verschwunden heile Welt.
Leben rollt vorüber,
Liebe, Glauben, Geld.

Starke Düfte füllen,
Träume Blumen prangen.
An deines Wagemorgen
Fabelt Sehnen und Verlangen.

Sowieso war alles besser
Zeiten einst Vibrieren.
Gleitest Du hinüber,
Am End sie musizieren.

Friedhof

Allee dient Ort der Stille,
Pflege hoch geschätzt.
Vorbei der letzte Wille,
Endlich beigesetzt.

Vorüber Lebens Plagen,
Ihr habt es geschafft.
Friede Euren Lagen,
Ob Ihr noch weiter macht?

Immer grün im Winter,
Entspannung diesem Platz.
Geschmückt verzierte Gräber,
Anblick froh erdacht.

Münster wildes Münsterland

Jetzt kommst erst Du ab Domplatz,
Verehrbare Bischofsstadt voller Fahrräder,
Schmucker Adelshöfe, Bürgerhäuser Schatz,
Renaissance Patrizierhäuser Marktes Geländer.

Gotisch Rathaus Zentrumfreude,
Stadtweinhaus und Dom Sankt Paul.
Picasso-Museum begeistert die Leute
Und Erbdrostenhof von Baumeister Schlaun.

Einmalig zieht das Lackkunstmuseum,
Wilhelms-Universität im Schloss.
Heimathaus Münsterland in Telgte darum,
Ungezähmte Natur vertreibt jeden Verdruss.

Landwirtschaft und Wasserburgen,
Nordkirchen, Raesfeld Flüssigpracht.
Burg Hülshoff, ein Speicher in Worten,
Paradies Ausee liebt sportliche Schlacht.

Münsterland heilig Reiterland,
Gefüllt Damhirsche, wilder Pferde.
Fallschirmspringer Landestrand,
Wiesen grünen Mufflons Weide.

Rückzuggebiet vieler Vögel,
Moorschnucken pflegen unterwegs.
Kanutour auf Ems und Werse,

Bleib treu im Takte unser stets.

Mai

Auch Bäume werden grün,
Blüten Farben ungezählt.
Alles flirtet schneller,
Natur strahlt einfach heller.

Kölle Köln Alaaf

Zwölfer romanisch Kirchen gepriesen,
Dreikönige Schrein im Doppelturmdom.
Künste und Messen sind ausgewiesen,
Freie Medien Masse gibt es schon.

Bei des Rathaus schmeichelnd Hoffen
Stehn Urtypen Tünnes und Schäl.
Promenieren am Rhein steht jedem offen,
Klang Philharmonie auserwähl'.

Fleißig Heinzelmännchen Brunnen
Ergänzt wie Zeughaus, Römerturm, Hahnentor.
Stadtfest Heumarkt, Altmarkt Kunden
Treiben den Handel in Scharen hervor.

Ludwig, Wallraf-Richartz, Schütgen,
Römisch-Germanisches, Kolumba Diözesan,
Sport- und Olympia, Schokoladen
Museum reichen wie es mal begann.

Heinrich Böll und Kölnisch Wasser,
Opernbau und Schauspielhaus.
Zahl Theaterbretter glückt den Erfasser,
Volkstheater Millowitsch typt Applaus.

Fernmeldeturm blickt alle Jecken.
Ajuja durch die Straßen jubelt.
Rosenmontag und Funken wecken,

Höllisch der Karneval trubelt.

Bewaldet Sauerland

Ruhrgebiet östlich lässt sich finden
Sägend eine Holzwirtschaft.
Scheues Rotwild zwischen Rinden,
Tiefer Wald hüllt Partnerschaft.

Rasch umschlagend einer Wetter
Schützen Höhlen aus der Eiszeit.
Im Sonnenschein alles noch netter,
Winter von der besten Seit.

Möhnetalsperre bietet sich an,
Naturpark Arnsberger Wald.
Freilicht Altwerkstätten Hagen,
Schloss Hohenlimburg Kulturen Halt.

Besichtigung stehen deutsche Drähte,
Gehen zur Burg Schnellenberg.
Naherholung Biggesee Fete,
Höhe ruft nach Winterberg.

Einfach Kassel

Zwischen Habichts- und Söhrewald
Nah bei den Fuldaauen,
An der Märchenstraße Gestalt
Liegt Kassel mein Vertrauen.

Königsplatz und seine Straße
Verführen zum vollen Einkaufen.
Fridericianeum seiner Maße,
Ottoneums Erdkunde leicht erlaufen.

Barock Parkanlage prunkt Karlsau
Mit Blumeninsel Siebenbergen.
Neue Galerie Epochenmaul,
Bellevue sorgt Brüder Grimm Altwerken.

Torwache in angewandter Gunst,
Geklebt Deutsches Tapetenmuseum.
Wilhelmshöhe: Wasserspiele Brunst,
Im Schloss viel staatliche Sammlungen.

Das Wahrzeichen Herkulesbau
Und Löwenburgs Ritterrüstungen.
Kurhessentherme Freizeitstau,
Kassel verdient seine Brüstungen.

Halle an der Saale

Halloren, Hallenser und Halunken,
Bestechender Händel-Ort.
An Leipziger Tieflandsbucht versunken,
Sachsen-Anhalt dort.

Rot strebt ein Turm auf dem Markt
Im größten Glockenspiel Deutschlands.
Am Rathaus hölzerner Roland erstarkt,
Marktschlösschen äugelt Spätrenaissance.

Sankt Marien frömmelt auch
Ihrer alten Kirchenbibliothek.
Ulrichskirche *Konzerte Kundgebung*.
Philosophenhaus Christian Wolff besteht.

Hallmarkts Salzgewinnung
Zwischen Moritzkirche und Dom.
Neue Residenz-Fossilienerinnerung.
In Moritzburg Malerei verlorn.

Darum die Burgen Giebichenstein,
Querfurt und Wettin.
Das Herz schlägt Salto ganz allein,
Nach Halle wandern wir hin.

Leipzig weltgewandt

Linden häufen Bezeichnung Leipzig
An Zusammenfluss Elster und Pleiße.
Mitten Tieflandsbucht und grünem Ring
Erholt sich Stadt im Auenwalde.

Pelz Handel schuf eine Grundlage,
Lustwandel Muster Messe Häusern.
Modern Fachmessen funktionale,
Kaufleuten gewärtig Gott Merkurn.

Neues Rathaus Pleißenberg,
Barthels Hof und Alte Handelsbörse.
Auerbachs Keller, Faust ritt durch.
Reichs Gericht Wuchtigkeit zur Höhe.

Im Barocke Gohliser Schlösschen,
Galerien, Konzerte, Lesungen schaun.
Kaffee Sachsen sind gerufen
Zum Arabischen Coffee Baum.

Gotisch Nicolai und Thomas Kirche,
Orthodox sich man auch trifft.
Bach, Thomanerchor im Lichte,
Heilig Ikonen in Gottes Häusern Schiff.

Napoleon gab verlornen Hut dazu,
Größtdenkmal Europas zur Völkerschlacht.
Frieden Mahnmal Meister erschuf,

Gewaltig und bullig über der Stadt.

Viertel der Musik und Medizin,
Dem Richard Wagner gab Stadt die Jugend.
Große Namen Universität durchziehn,
Wie Müntzer, Telemann, Lessing, Goethen.

Pulsierend geöffnet dem Geist neuer Zeit,
Fabriken vielfältig Kultur Spektrum Siegs.
Geballt Musik, Theater Tempel heiß,
Kabarett Hauptstadt, Nachtschwärmer Paradies.

Speicher und Buchstadt Leipzig liest,
Graphisches Viertel Heimatverlagen.
Herr Schiller dichtete hier und wies:
Ode an die Freuden.

Schrebergarten

Bescheiden Wirtschaft zur Erholung,
Eigenbedarf ruft Obst und Gemüse.
Laut Doktore gymnastisch Erziehung,
Frische häuft sich für Kombüse.

Blumen, Naschwerk, Kräuterbeetchen
Schmücken Holz gemasert Laube.
Kamille, Gräser, kleine Mäuschen,
Wehend Flieder Fenstergaube.

Nachbarschaft kaum friedlicher,
Wege, Kneipe geführt in Schuss.
Gemeinsam steigen Gartenlieder
Und Gedichte kleinem Überfluss.

Heckenrosen Liebesbrauch,
Innerste Erfüllung jedem Fall.
Voller Duft Holunderstrauch,
Unsichtbar singt eine Nachtigall.

Flügle bunter Schmetterling

Ei geklebt an Nahrungspflanze
Dient zu einem Raupenschlupf.
Häutung, Wasser bringt das Ganze,
Doch schon bald ist es verpuppt.

Vollzug unglaublicher Verwandlung,
Organe und Gewebe aufgelöst.
Adultes Tier des Zellbreis Handlung,
Kleine Flügelstummel aus Hülle stößt.

Vielleicht ein nektarsaugend Falter
Blüte einer Blüte gaukelt.
Kurz wird nur sein Lebensalter,
Neu Ei an richtig Pflanze schaukelt.

Juni

Sommers Spitze naht,
Reife Badetage.
Juni Käfer fliegen,
Urlaub wird bald siegen.

Lutherstadt Wittenberg

Im Zeichen von 95 Thesen
Ist Martin Luther gewesen.
Ein Zweiter hatte hier seinen Thron,
Engster Mitarbeiter: Philipp Melanchthon.

Malschule, Druckerei und Apotheke
Führte Lucas Cranach der Ältere.
Auch der Jüngere malte schon.
Gedächtniskirche huldigt Reformation.

Niederlausitzer Cottbus

Grüne Oase weitläufiger Braunkohlenfelder
Mit Cottbuser Postkutschkastenmann.
Brandenburgische Kulturstiftungsgelder
Bringen Hochkultur voran.

Stadttheater in reinem Jugendstil,
Pückler-Muskaus Branitzer Park.
Kleineisenbahn dampfbetrieben sein will,
Spremberger Turm wahrzeichenstark.

Spreepark Lausitz

Bei der Spreewälder Rauschen,
Zittauer Gebirges Kletterwänden
Vom Dahme Wasser Lauschen
Hin zu Queises nassem Wenden.
Ikone Lausitz spiegelfein.

Geschützte Heide- und Seegebiete,
Urlaubsziele auf kleinstem Raum.
Zweimal Pückler Gartenpark Künste,
Kiefer und Bergland *Wälder Traum*.
Verheißung Weide Kronen.

Ober, Nieder Lausitz Einteilung,
Höchster Lauscheberg, Senftenberger See.
Wertvoll, selten Natur Refugium,
Längster Fluss noch immer die Spree.
Fruchtend in der Sinnenwelt.

Beliebt Spreewaldkönigin Lübbenau,
Schwielochsee, Radduscher Slawenburg.
Dazu echte Witze frei Calau,
Rosengarten Forst duftend Flur.
Hoch reichend den Pokal.

Eisenhütte, Strittmatters Bohsdorf,
Lauchhammers Kunstgenuß Guß.
F60 Besucher Bergwerk Wurf,
Und dem Seeadler ein Gruß.

Kein Sparen für die andre Welt.

Zweisprachig Ortsschilder,
Cottbus, Görlitz, Hoyerswerda, Bautzen.
Klinker und Umgebinde Dörfer,
Kloster Neuzelle und von Marien.
Sorbischer Glanz nur hier allein.

Machtvoll der Sechsstädtebund,
Ausgeprägt die Oberlausitz.
Industrialisierter Dörfer Rund,
Doch Oberländer Freizeit Glitz'.
Blicke eines Gottes Spur.

Sächsisch Dresden

Wenn der Canaletto-Blick nicht trübt,
Brühlschen Terrassen Sonne lacht
Und auch die Elbe nicht versiegt,
Eine der Barocksten Europas erwacht.

Tief atmet Geist der Sachsenherrscher
Residenzschloss, Hofkirche am Theaterplatz,
Sachsenkönig Johann und Sempers Oper,
Wahrzeichen Kronentor, Zwinger Sammlerschatz.

Wo anfangen, wo aufhören Blümelein?
Altmarkt weit Raum, Kulturpalast Seele,
Frauenkirche, evangelisch Selbstbewusstsein,
Tausendjährig *Fürstenzug Mosaikbefehle.*

Elegant Hauptstraße reitet Goldener Reiter
Winkend gülden Mann vom Rathausturm,
Albertinums Galerien und Grünem Gewölbe,
Vom Mundwasser Odol zum Hygienemuseum.

Es schweben Yenidze Märchen und Tabakruf
Erich Kästner Stadt und Kultur Metropole.
Manch Brücke Expressionist hier schuf.
Dynamo Stadion begeistert zum Bürgerwohle.

Großer Garten vergrünts jeder Liese,
Park Eisenbahn von Schülern betrieben.
Mozartbrunnen auf der Bürgerwiese,

Unweit botanisch Bildung Belieben.

Elbflorenz hängen drei Schlösser munter:
Albrechtsberg, Stockhausen, Eckberg.
Standseilbahn, Schwebebahn, Blaues Wunder,
Waldschlösschen Brauerei als Werk.

Adventen niemals zu Hause stockt
Ältestem Weihnachtsmarkt diesen Landen.
Dresdner Stollen, der große Striezel lockt
Und Festgesang Kreuzchor, Kapellenknaben.

Chemnitz im Sachsenland

Strebt aus seiner DDR
Mit Karl-Marx-Nischel.
Sozialistisch Häuser prägten sehr,
Mittelalterlich Zentrum im Gebüsche.

Sankt Jacobi und Stadtkirche,
Städtische Sammlungen und versteinerter Wald.
Sächsisches Eisenbahnmuseum, Neulichte.
Umgeben von Sachsenring und Karl-May-Gewalt.

Wohnung vergangener Berümtheit

In den Wänden optisch Staunen,
Maßgebend der Personen Einfluss.
Akzeptiert Nebeneinander Raunen,
Stil Prinzipien irrend Guss.

Hier hat er gesessen viel,
Kennzeichen stehen seiner Weise.
Hier jedoch war er nie,
Aufgebarrt verliehen Preise.

An knorrig Tisch oft er gestutzt,
Federn noch im Originale.
Solch Artikel damals abgenutzt,
Verblieben alte Ruhmesmale.

Künstlerblick.

Bilder allen Häusern

Farbig lösen sich Sonne, Licht und Luft.

Mittelalter	Renaissance
Barock	Rokoko
Klassizismus	Romantik
Realismus	Impressionismus
Symbolismus	Fauvismus
Kubismus	Futurismus
Orphismus	Dadaismus
Rayonismus	Neoplastizismus
Expressionismus	Surrealismus
Abstrakte Kunst	Op-art
Pop-art	

nutzen die Fähigkeiten des menschlichen Auges.

Dichtung Weimar

Weimar im Lichte der Dichter,
Goethe, Schiller, Wieland, Herder Dir.
Wörterfürsten, Lebensrichter
Brachten quellend Geschenke hier.

Rietschels Denkmal allen Fotos,
Goethes Gartenhaus strahlt überall.
Millionen im Jahr des Mottos,
Glockenspiel gibt jeder Stunde Hall.

Theater zur neuen Verfassung.
Wir riefen Weimarer Republik.
Stiftung Klassik und Kunstsammlung,
Eine Musen-Hauptstadt im Blick.

Ein Park in dem eine Stadt liegt,
Mit Gartenkunst Spitzenqualität.
Stadtschloss Harmonie wie Musik,
Impressionisten offen steht.

Heute wird die Kunst geadelt,
Ginkgo Biloba schallt Gärtner Ruf.
Deutsch Ritterzeit ungetadelt,
Was ein Gott wohl für Bäume schuf.

Stadt- und Cranachhaus am Marktplatz,
Zentrales Hotel, das Elephant.
Thüringer Bratwurst, welch ein Schatz,

Zwiebelmarkt seit 1653 ist bekannt.

Und schöne Arkaden ich seh,
Das lehrt uns ewig Goethes Geschicht:
Leb Bauhaus-Flair, Tafelrunden jäh,
Lass Ungewolltes beiseite ganz schlicht.

Schöngeister für Deutschlands Zukunft,
Hier schwingts auf anderer Ebene.
Belvedere, Schlosskünste Zunft,
Für immer Inspiration Gebende.

Hochoffiziell Schreiben

An den/die

Bundespräsidenten der Bundesrepublik Deutschland
Präsidenten des Deutschen Bundestages
Bundeskanzler/-in der Bundesrepublik Deutschland
Bundesminister für Alles
Staatsminister im Amt
Parlamentarischen Sekretär
Vorsitzenden der Fraktion bekannt
Abgeordneten des Bundestages mehr
Präsidenten des Bundesverfassungsgerichtes
Seiner Exzellenz dem Botschafter
Ministerpräsidenten des Landes
Seiner Heiligkeit Papst er,

Genehmigen Sie bitte die Versicherung
Meiner ganz ausgezeichneten Hochachtung.

Ihr ergebener Diener

Deutscher Edelmann

Ich bin ein deutscher Edelmann,
Halte Ordnung in allen Ecken.
Fleiß und Qualität ist mein Verlang',
Dem Vaterlande soll's zwecken.
Allen Dingen steht mir Gründlichkeit,
Liebe saubere Häuser und Straßen.
Zuverlässig halte ich die Zeit,
Genieße nur alles in Maßen.

Nach vergangnen Jugenden
Kommt herbei ihr Tugenden.
Leben muss die reine Wahrheit,
Darauf leg ich jeden Eid.

Wenn Deutschland meine Stimme hätte,
Flankten Dichterworte überall.
Nicht nur unserer Kirchenmette
Gereinigtes Deutsch im Widerhall.
Ich lese Faust und Ode
Aufklärung und Philosophie.
Mich verzerrt niemals die Mode,
Zu den Damen sag ich „Sie".

Nach vergangnen Jugenden
Kommt herbei ihr Tugenden.
Ich pflege Pflichterfüllung
Zu jeglicher Umgebung.

Ich bin ein hochdeutscher Edelmann
Und leuchte wie's Land von Innen.
Mein Rapier Freiheit und Ehre gewann
Sowie an Schärfe deutschen Sinnen.
Welche Sprache, welche Begeisterung,
Welch Stabilität und Revolution.
Gleichzeitig steht und pulsiert so jung
Das Deutschland, meine Kontemplation.

Nach vergangnen Jugenden
Kommt herbei Ihr Tugenden.
Und wenn Preußens Gloria klingt,
Ein Märchen in Träumen versinkt.

Sehr gutes Benehmen

Frischgebornen bleiben einerlei
Mitmenschen Wechselzwänge,
Taktgefühl und Höflichkeit.

Herkunft, Meinung, Rassen prallen
Im Büro und Festlichkeiten.
Umgangsformen reizend wallen.

Welche Kleidung, welche Blumen?
Wer geht vor mir, hinter mir?
Ist das Rauchen eine Tugend?

Esse ich den Hummer richtig?
Feste Tafel gut gelegt?
Ist die Gastfrau heut noch gnädig?

Ehrenhallen ordenumsungen
  - Sehr gutem Benehmen -
Sonne menschlicher Handlungen.

Schwarz Rot Gold

Vorbei flog Lützows Freikorps Schar
In rasend deutschem Triumphe,
Schmetterte ein krachendes Hurra.

Schwarz gefärbt waren Zivilröcke
Nebst leuchtend Samtaufschlägen rot,
Uniformen blinkten goldener Knöpfe.

Seit demokratisch 1817 Wartburgfeste
Kamen Farben an Burschenschafter Fahne,
Bald gelang des ganzen Bundes Geste.

Neulich schmückt Freiheit gewollt
Eine kraftfarbig Dreikolore,
Allerbestes *Schwarz Rot Gold.*

Thüringer Wald aus Natur

Von der Werra bis nach Ilmenau
Sehnt grüne Ballade deutscher Geschichte.
Unbeschwert Regen und Schneereich Schau
Steht Wanderwegen gut markiert zu Gesichte.

In den Höhen weihen Fichtenwälder
Tausend Quadratkilometer Kammgebirge.
Kurierweg Rennsteig reicht Meter um Meter
Vorbei an Eisenerzbergbau Legenden.

Grenze zwischen Grün und Blau lockert Sicht
Auf Wartburg von Luther und Nationalbewegung.
Schmalkaldischer Bund stand Schutzes Pflicht,
Schloss Wilhelmsburg schönt die Eingebung.

Klirrend scheint die Waffenstadt Suhl
Im blendend Gegenlicht freier Natur.
Reservat Vessertal braucht seine Ruh',
Großschanze Oberhof malt Winter pur.

Kindergarten von Fröbel

Auch dies unsere Erfindung.
Kinderfreuden, Pädagogik
Fördern vor der Schule Bindung.

Rutsche, Schaukel, Karussell,
Holzspielzeuge und Domino.
Die Kindlein lernen richtig schnell.

Zirkus Clown

Großes Schminke Farbengrinsen,
Rot Stupsnase richtet die Mitten.
Tolpatschig Künste voller Raum,
Der Kindertage Purzelbaum.

Horizontal gestreift Pullover,
Sommersprossen von Jehova.
Latzhosen zu groß beschuht,
Auf roten Haaren Zylinderhut.

Ulkfunktion in der Manegen,
Lachen kleiner Menschenwesen.
Pferdchen stößt ihn beiseite,
Schon liegt er in der Breite.

Kamel schleckt ihn wach,
Kegel jonglieren gemach.
Musik untermalte Fehltritte,
Extrem komische Schritte.

So barock Würzburg

Gehüllt in sehr schmucke Rebenhänge
Und fürstbischöflicher Residenz.
Walther von der Vogelweide Gesängen
Steht ein Stein des Gedenkens.

Balthasar Neumanns Schaffenskraft
Schuf Feste Marienberg und mehr.
Dom Sankt Kilian Gottestracht
Und Marienkapelle Bürgerlehr.

Rathaus profan sehr gegliedert.
Binnenhafen fördert Rhein-Main-Donau-Fluss.
Fränkisch-traditionelle Bilder.
Weinstuben laden Kabinett-Genuss.

Flughafen

Hier wird gut verdient.
Alle Länder nah.
Scharfe Kontrollen.
Flugzeuge heißen Flieger.

Buchmesse

Bücher.
Lesungen.
Medien.

Kontakte.
Vertrieb.
Lizenzen.

Einwohner lesen auch gut.
Verlagen füllt sich der Hut.

Frankfurt am Main finanziell

Spessart, Frankfurt, Taunus
Umfassen weltliche Messen.
Börse und Banken schreiben Plus.
Goethekind wird nicht vergessen.

Urgemütlich kontrastet die Altstadt
Politischem Römer Rathaus.
Nicolaikirche und Dom statt
Moderne schauen lieb heraus.

Nun Kaiserkrönungen da,
Erste Nationaltagung dort.
Im Dom gabs deutsche Wahl,
Verfassung lag Paulskirchenwort.

Die Schirnhalle veredelt Kunst,
Eschenheimer Turm und alte Oper.
Städelscher Galerie liegt Gunst.
Sichtbar wahrt Angewandtes der Völker.

Museum für Kommunikation,
Plastisch beherbergt Liebieghaus.
Ebblwoi-Viertel kneipt Tradition
Bei so manchem Fachwerkhaus.

Goethe heißt eine Universität,
Pflanzen, Palmengarten liegen Wiesen.
Bewegter Volkspark Niddatal steht

Frankfurter Erholungsvergnügen.

Existenzgründung

Drei Tage Kurzseminare,
Gründungskonzept nächster Jahre.

Persönliche Voraussetzungen,
Marktes Produktplazierungen.

Die Steuern und die Buchführung,
Vorschau, Rentabilitätsrechnung.

Gültig Recht und Soziales,
Finanzierung und Förderales.

Hilfsprogramme im Internet,
Kosten, Leistungen errechnet.

Grundstruktur des Gründungskonzeptes,
Checkliste für Erfolgserlebnis.

Innovationen

Firnhammer über Deutschland.
Innovationen für den Verstand:

Laufräder für Kleinkinder
Sprechende Kalender

Zahnbürsten mit Musik
Autos mit Kulturgeschenk Gestik

Sehübungen computergesteuert
Kurz- und Weitsichtigkeit gefeuert

Formenvielfalt der Eisenbahnzüge
Ferngesteuert Heckenscheren Flüge

Mikroelektronisch gestaltete Bücher
Selbstaufschlagend dem Fingerberührer
Eigenständig blätternd und vorlesend

Riesig Luftschiffe mit Hubschrauber-Landeplatz
oben
Und absenkbarer UFO – Kabine unten, zum toben
Untenwände verglast, Touristenvergnügen

Positiv Fernsehsender mit Duft verändern
Ideen Kommissionen in allen Bundesländern
Für neue Produkte und Tätigkeiten

Von der Tankstelle

Von der Tankstelle
Kommen sie alle.
Und kommen wieder zurück.
Manchmal als Schlange oder Einzelstück.

Front nach Menschen Gesichte.
Heck rot Acht Gebiete.
Rollend sehr motorisch.
Wenig provisorisch.

Dem Einen ist's die Länge.
Dem Anderen die Stärke.
Gesellschaft auch ein Werk heut,
Der Deutschen liebstes Spielzeug.

Winzerlich Moseltal

Vom Zweitrom Trier wasserts
Zur Tiefe der Koblenzer Mündung,
Bei Eifel, Hunsrück, Westerwald, Taunus.

Wunder Mäander von Stätte zu Stätte,
Geschichtsbewusst und zukunftgewandt.
Burgen, Weindörfer, kleine Städte.

Vor allem Weißweinreben wachsen
Bernkastel-Kues, Traben-Trarbach, Zell,
Cochem, Treis-Karden Landachsen.

Juli

Juli heiß
Reift alle Früchte.
Platzregen wird erwartet
Bevor das Pflücken startet.

Zu Saarbrücken

Wie lang steh ich?
Blick auf dich herab?
Weitem Waldtale zeigt sich
Saar Landeshauptstadt.

Kohlebecken unterirdisch
Nebeln Stahlwerker Erinnerungen.
Nie eintauschen würde ich
Saarland, meine Niederungen.

Johanniskirche und Sankt Johann,
Frühgotisch Stiftung Sankt Arnual,
Meister Stengels Ludwigskirche sodann
Reihen sich dem Schlosse fundamental.

Hochschule für Musik und Theater
Und so weiter Bildungshallen.
Verarbeitungsmessen reichen weiter.
Deutsch-französisch spricht Gartengefallen.

Studentenliebe Heidelberg

Kurpfalz-Schloss, Universität,
Alte Häuser, Verbindungshäuser,
Romantikquelle von Arnim, Brentano,
Eichendorff und Keller.

Kurfürstliche Weinseligkeit in
Einem Fass, Friedrich-Ebert-Gedenkstätte,
Akademie der Wissenschaften und
Karl-Theodor-Brücke.

So erhebt sich Heidelberg am Neckar,
Mein Heidelberg, meine Wunderschöne.

Tanzlied

Mädchen, Jungen, Herren, Damen.
Voll staffieret Tanzes Dramen.
Drehen, drehen, rhythmisch schweben.
Drehen, drehen, Träume leben.
Drehen, drehen und dann stehn.

Dürfte ich bitten, in Ihrem Fall?
Parkett gewienert dem ganzen Saal.
Drehen, drehen, rhythmisch schweben.
Drehen, drehen, Hoffnung leben.
Drehen, drehen und dann stehn.

Beide Hände finden ihre Seiten.
Verschieden Körper ineinander gleiten.
Drehen, drehen, rhythmisch schweben.
Drehen, drehen, Kreise leben.
Drehen, drehen und dann stehn.

Brausend Wogen in Musik.
Inhaliert des Partners Gestik.
Drehen, drehen, rhythmisch schweben.
Drehen, drehen, Schwungrad leben.
Drehen, drehen und dann stehn.

Noch ein Handkuss für den Abschied.
Madame ihr Tanz war mir ein Lied.
Drehen, drehen, rhythmisch schweben.
Drehen, drehen, Siege leben.

Drehen, drehen und dann stehn.

Angebetete

Kannst Du kochen, bügeln, stricken,
Hast Du Zeit für mich Baby?
Können Sie Sekunden leihen,
Willst Du mit mir gehn, Lady?

Schwebest Du noch blauäugicht,
Oder wirkst Du Deinem Vorteil?
Was passiert wenn Treue bricht,
Wo hast Du Amores Pfeil?

Eine Emanzipation

Das Wörtchen man
Ist mir zu männlich.
Das Wörtchen frau
Niemals zu dämelich.

Nicht leicht die Psyche
Kann verwischen,
Doch in Berufen
Wird ausgeglichen.

Es reichert natürlich
Vielfalt *Gleichillusion,*
Wenn sie nicht zerstört
Erfolgreich Tradition.

Karlsruhe Fidelitas

Schwarzwald Nordwest
Ein Eichhörnchen Paradies.
Und ruhiges Beamtennest,
Universität prägt dies.

In recht mildem Klima
Tagt Bundesverfassungsgericht.
Vom Schloss laufen Straßen prima
Gleich Fächerstrahlen im Licht.

Badisch ist das Landesmuseum,
Botanisches, Kunsthalle und Orangerie.
Auf dem Marktplatze laufen Leute um
Pyramide der *Gründer Gruft Hysterie*.

Kaiserstraße dient Fußgängerlust.
Prinz-Max-Palais in Stadtgeschichte
Sowie Literatur am Oberrhein Wust,
ZKM: Medientechnologie Geschichte.

In Durlach traditioniert alter Stadtkern,
Auch ein Museum in Karpatendeutsch.
Auf dem Turmberg überblickt man halt
Ganz Karlsruhe in seiner Gestalt.

Inspiration

Blumenstrauß flüsternd Empfindens.

Facettenreiche Stimmungen
Zu verschiedensten Sendungen.

Fluss ergießt sich aus dem Herseits
Komponisten, Dichtern, Lenkern,
Göttliche Ströme im Hierseits.

Enorm kreative Klangbilder,
Motive, Themen, Grundmelodien -
Jung Opus schreitet lebenswilder,
Allerhand kreist heilwirkend verliehn.

Aus anderer Realität
Die Eingebung und Erleuchtung,
Geknüpft Netzwerk mystisch entsteht.

Energie feinstofflicht Körper,
Mensch hebt zum Partner im Schöpfer

Durch das wirkliche ganze Ich.

Ökologie

Spirituelles Wachstum gehört
Sicher zur grünen Liga.
Ökosysteme ganz unzerstört
Sind ein Friedensthema.

Für die Natur des Lebens
Zuständen nicht nur Biologen.
Basisdemokratisch Segens
Geben wir frei viele Drogen.

Erde Wunden heilen
Auf Bio-Bauernhof.
Nieder mit Risikoleiden,
Atomkraft weggelobt.

Alternativ wolln wir entscheiden
Für Sonn- und Windradkraft.
Abgase weltweit vermeiden,
Doch Fusionen Sterne schafft?

Blumenladen

Vom Großhändler frisch, früh um vier,
In Eimern, Töpfen und Vasen
Stehen Blumen und Pflanzen vorkultiviert,
Fresien, Tulpen, Nelken, Rosen.

Farbtupfer sind ans Fenster geklebt,
Überall hängen Körbchen aus Bast.
Prinzesslilien und Palmenrarität
Zeugen blühvitaler Wuchskraft.

Fächerblumen zum Elfenreigen
Setzen gute Laune Akzente.
Blumensprache und Fruchten zeigen
Vier Jahreszeiten Ambiente.

Floristen Kunst fertigt
Sträuße über Sträuße.
Jubiläums Service perfekt.
Dekort Zweige, Kränze, Stöße.

Unter Hängeampeln royal
Sammeln sich die schönen Düfte.
Riesiegblütig Neuheiten Wahl
Verändert örtliche Lüfte.

Überfröhliche Farben holen
Zarte bis hauchdünne Gräser.
Variantenreich schaukeln Gladiolen,

Weinrote Orchideen für den Leser.

Südwest Stuttgart

Unter Bäumen, Gärten und Weinbergen
Singt in das Tal hinab eine Stadt.
Historische Bauten sicher bergen,
Der Neckar Begleitung gefunden hat.

Mehrfach krönt Opernhaus des Jahres
Der Schönheit Sphäre Theater und Konzerte.
Heilge Sympathie des Bildungsstätten Rates
Gleitet zur Königstraße *Geschäften Offerte*.

Jubiläumssäule lorbeert den Schlossplatz
Neben Altschlosses Landesmuseum.
Glaswürfel der Künste bildet einen Satz,
Besucherlieb Staatsgalerie gehört darum.

Am Schillerplatz werden Musikalien gesammelt,
Geistreich erinnert Philosophenhaus Hegel.
Haus der Wirtschaft modern Rhythmus entstammet,
Völkerkunde Sammlung hisst ihre Segel.

Herzallerliebst steht Schloss Rosenstein,
Neckarrechts die Gottlieb-Daimler-Gedenkstätte.
Zoologisch, botanisch verheißt Wilhelma gärtnerein.
Und wer hier nicht gern einen Porsche hätte.

Rundfunk und Fernsehen wollten ihn haben,

Bald ragte Nadel aus dem Walde schon,
Im Panorama-Cafe die Blicke laben
Erst Fernsehturm aus Stahlbeton.

Kirsche Schwarzwald

Vom Kraichgau im Norden
Ragt Deutschen mächtigstes Mittelgebirge
Zum Hochrhein im Süden.

Dunkle Tannen und Mischwälder
Wechseln mit sonnigen Hochebenen
Auf Blumen übersäte Wiesen und Täler.

Rauschend schäumende Bäche
Unterlaufen reine würzige Luft
Bei extrablau Bergseen Fläche.

Hoch grandiose Panoramas
Gelingen vom Gipfel,
Zu Konzerten und Winzerfesten Spaß.

Nicht nur in der Obstbaumblüte
Lebt Inbegriff Schwarzwaldklinik
Durch verstreute Heilbäder.

Eine enorme Brennereidichte
Unterstützt Sternegastronomie
Neben Kirschtorten Wichte.

Preisend Behaglichkeit Schwur
Kommt Regel gestundet
Ein Kuckuck aus der Uhr.

August

Sonnenblumen groß,
Kornblumen, roter Mohn.
Ein Sträußlein heimwärts bringen,
Die Ernte kann beginnen.

Am Bodensee

Unsere Meinung aus Allensbach:
Begnadetes wellenrauschendes Land
Leiht den Weinen üppig Geschmack,
Verwöhnt liegts Sonne, Obst und Strand.

Ein Gästesee durchs ganze Jahr,
Frühjahrs konkurrieren Blütenfelder.
Sommersegeln, baden, Weißflotten Fahrt,
Herbst nebelt gelaubt, Winter skifördert.

Von allem hier Herberge
Liegen Täler und Schlösser frei,
Gartenlandschaft und Berge,
Kunst und Klosterei.

Lindau, Wangen, Ravensburg, Überlingen
Anmuten winklig romantisch.
Knospensegen Mainau, Zeppeline konnten gelin-
gen.
Meersburg war Droste-Hülshoff-Sitz.

September

Herbstes Überfluss,
Dunkler wird's am Morgen.
Und wieder Spinnennetz,
Aber nicht ganz reißfest.

Reichsstadt Ulm

Höchster Kirchturm der Erde
Ruft hier den wahren Gott.
Oberschwäbisches nie vergessen werde
Und Albert Einsteins Geburt.

Typisch der fliegende Schneider
Oder Museum für Brot.
Kloster Wiblingen bibliotheklicher
Und auch sonst gegen die Not.

Von vor siebzehnhundert
Die Häuser auf dem Kreuz.
Bundesfestung sehr bewundert,
Zur Gedenkstätte nun zeugts.

Vollkommen Oberbayern

Fliegen wir von Altötting zur Zugspitze
Und von Landsberg nach Königssee,
Wo überall Naturkulissen Dankessitze
Und Wiegen des Urlaubbegriffes stehn.

Andechs vergibt wallfahrend Bierseligkeit,
Expressionisten schufen Hinterglasmalerei.
Moorige Osterseen glitzern noch der Zeit.
Im fleißigen Mittenwald lebt die Geigenbauerei.

Berge, Biere, Benediktiner,
Schlösser, Klöster und Seen,
Weißes, Blaues und Goldgelbes
Nähern sich dem Alpengrün.

Starnberger, Chiemsee ihrer Weise,
Stadtkernig Weilheim, Wasserburg.
Tegernsee für Superreiche,
Schongau, Rosenheim gleich Werbung.

Gewachsenes direkt vom Bauernhof,
Prämien für regionales Kulinarium.
Aus Benediktbeuern Carmina Burana Ros',
Märchenkönigs Schlösser reigen Ludwigium.

Unser Bier

Sprudelnder Freude Quell Legende
Goldener Gerste, ausgewählter Dolden.
Wasser, Malz, Hopfen, Hefe wenden
Reinheit Brautradition Gedulden.

Schäumend gut gekühlt,
Aus der Flasche oder Fass.
Armer Wicht der nie gefühlt
Im Halse rinnen dieses Nass.

Gegen Erkältung stets in Linie,
Für streichelzarte Haut plus Vitamine.
Schutzherr Gambrinus spricht zu Dir:
„Schöne Menschen trinken Bier."

Oktober

Goldgelber Oktober
Im Blätter Sonnenschein.
Wanderzeit-Temperatur,
Maßnehmen in weiter Flur.

Bayerisch München

An Alpenrandes Verlängerung
Fällt Kunst europäisch Rangens.
Stattlich Isars Bajuwaren Krönung,
Liebstes Wohnen deutschen Gedankens.

Munter und lebendig jeder Dämmerung
Laufen federter Hüte Lederhosenmänner.
Weißwurst Hauptstadt Gaumengebung
Füllt Metropole mit Bier und Schickaria.

Im bevorzugt Industrie und Mediencenter
Lebt voll Marienplatz neugotisch Rathaus.
Seines Turmes glöcklich Figurenspieler
Schaun über Himmelskönigin hinaus.

Ganzjahres Maibaum und Karl Valentin,
Liesl Karlstadt, Pfarrkirche Peter ältester Art,
Milchprodukte, Fleisch, Obst, Gemüse, Backwaren
Summieren sich zu einem Viktualienmarkt.

Kirchlich Sankt Johannes Nepomuk.
Rausgeputzt Wahrzeichen Frauenkirche.
Biersicher Trinkfest Hofbräuhaus lugt.
Dazu gesellt sich die Michaeliskirche.

Pflanzenwendigkeit alt botanisch Garten.
Erhöht Selbstbewusstsein Odeonsplatz.

Feldherrnhalle kann brillant aufwarten,
Früh Rokoko Palais Preysing Schatz.

Literarisch Literaten Literaturhaus,
Salvatorkirche nebst Erzbischöflichem Palais.
Italienisch Hofgarten zu Residenz wichtig Typus,
Wittelsbachern zugetan und musealem Geschehn.

Max-Joseph-Platzes Nationaltheater,
Maximilian Straße exklusiver Pracht.
Voll gesammelt Museum Völker Erkunder,
Architekt Maximilianeum Schau Andacht.

Prinzregentenstraße, Haus der Kunst,
Nationalmuseum heimisch prägt.
Villa Stuck freut unvergessen Gunst.
Ein Haus wie Amphitheater weht.

Ludwigstraße, Universität, Englischer Garten.
Königsplatz bringt geballtes Künste Forum,
Ausdruck Pinakotheken *Gemälde Erstarken*.
Erfindertechnisch wächst das Deutsche Museum.

Augen Tierpark Hellabrunn und Bavaria Filmstu-
dios.
Stimmung weiht Theresienwiesens Oktobernest.
Zartes Porzellan gestaltet das Nymphenburger
Schloss.
Utopischem Stadion steigt Tore Fußballfest.

Fußballbegeisterung

Schwarz-Weiß kontrastet ein Leder.
Zwei Mannschaften werden Jäger.
Im Geiste spielen mit dem Fuß.
Unfairs zu direktem Freistoß.
Wenn Stadions runder Fußball rollt
Hinein ins breite Tor wie Gold,
Elf Mannen brüllend feiern wir,
Siegunser durchbebt das Turnier.

Neben Linie Aus und Einwurf,
Abstoß, Laufen, Kombieinfluss.
Maximal drei Auswechslungen,
Frische Spieler mutumrungen.
Wenn Stadions runder Fußball rollt
Hinein ins breite Tor wie Gold,
Elf Mannen brüllend feiern wir,
Siegunser durchbebt das Turnier.

Kein Sakrament und durchgeflucht,
Gelbe und rote Kartenfurcht.
Fußballtoto und Weltverband,
Absprachen, Krisen und verbannt.
Wenn Stadions runder Fußball rollt
Hinein ins breite Tor wie Gold,
Elf Mannen brüllend feiern wir,
Siegunser durchbebt das Turnier.

Manchmal Gewinne verdrießen,

Entscheidung durch Straftorschießen.
Fans Leistung anderer kleiden,
Scheinbar Körperliches leiden.
Wenn Stadions runder Fußball rollt
Hinein ins breite Tor wie Gold,
Elf Mannen brüllend feiern wir,
Siegunser durchbebt das Turnier.

Wettbewerb zur Fröhlichkeit

Mitreißendste Musik
Kribbelndster Texttick
Heiterste Arbeit Lilie
Fröhlichste Familie
Lachendster Betrieb
Bestes Künstlersieb
Allerhellste Nacht
Ideellste Andacht

Begabung

Niemals kommt sie allein
Unter Gottes Lebehimmel.
Leistung Grenze, Fleiß darein.

Jeder Form ein Lebensrecht
Menschen Staates Fimmel.
Im Milieu wird Chance echt.

Zur höchst gelegen Latte
Wettbewerbes Tagebrauch
Zählt Allerärmsten Matte.

Bayerischer Wald

Zu groß für ein Leben
Scheint vollkommen Gefilde.
Ursprünglich Erlebnisse geben
Bestechender Natur Rückwilde.

Doppelquell Ski- und Wanderrouten
Zieht wellig Hügel und einsame Seen.
Kleine Kirchendörfer, Schlösser und Burgen
Unter Europas grüner Waldhaube stehn.

Schmiegsam an der blauen Donau
Beim Oberpfälzer und Böhmerwald
Wird der Naturschutz fest gebaut.
Das Kloster Metten ist schon alt.

Vorhanden Quarz bringt Ertrag
Als Schlager mundgeblasen Glas.
Glück entströmt Churpfalz Freizeitpark
Und Burg Falkensteins Gelass.

Sicher meistbesucht Ort Bodenmais.
Verzücken im Schaubetrieb Silberberg.
Großen Arber als König weiß
Wintersportler in seinem Werk.

Glasausstellung Theresienthal Zwiesel.
Freyung mit Schloss Wolfenstein drüber.
Gast soll nicht rennen wie ein Wiesel,

Dom zu Waldkirchen Ruhe lieber.

November

Morgennebel, graue Zeit,
Bäume ziemlich blätterlos.
Ruhe kehrt ein im Jahresfluss,
Kälte Zittern frisch Genuss.

Hochgehaltige Bewerbung

Gedeckt geheimer Arbeitgeber
Durch des Arbeitsamtes Schleier.
Gehalt sei niedrig dem Erleber,
Doch er ahnt Geldsackes Feier.

Bewerbung Blätter eingeheftet,
Hoffnung reist jetzt mit der Post.
Tage, Wochen zeitenheftig,
Ist der Erfolg bald eingelocht?

Endlich da Vorstellungsrede,
Herzschlag fördert neue Kraft.
Unperfekt Englisch man vergebe
In dieser schweren Arbeitsschlacht.

Wir wünschen Ihnen nicht alles Gute,
Sie wurden glattweg eingestellt.
Hier entlang führt unsre Route,
Mangel Schwerelast vom Rücken fällt.

Eisenbahnherz

Wenn's Eisenbahnherz schlägt
Und schlägt und schlägt und schlägt,
Wagen laufen zum Prellbock,
Einheit gründet ihren Block,
Naht Mensch, der über Bahnen weiß,
Inbrünstig Fan vom Abstellgleis.

Zugbildung in Beuge
Auch Sonderfahrzeuge:
Dampf-, Diesel-, Elektroloks,
Vielleicht Schienenbus, Doppelstocks
Begründen Zeitenepoche
Rund um die Uhr jede Woche.

Modellbahnwerkstatt schuftet,
Geschnitten Holz verduftet.
Siebzehnte Anlage entsteht,
Sammlung die Regale belebt.
Sind Heitre der Großen Begleiter
Fahren sie mit der Kleinen weiter.

Dezember

Weihnacht Monat,
Still hektisch Kleid.
Schneeflocken Hoffnung,
Wohnungen Beleuchtung.

Früh kaiserlich Nürnberg

Pegnitz teilt den Ort der Reichskleinodien
An haftend altgermanisch Theke Sein.
Golden Bulle sieben Kurfürsten ziehn,
Dem Tische stehn schmale Bratwürstlein.

Lorenz Sebalder Seite gefügt
Fertigt N Kultur Nachrichten.
Betont kluge Wirtschaftspolitik,
Henkers Sohn half Vater beizeiten.

Technik begeistert vielleicht Schönstes,
Umfassend Adler Verkehrsmuseum.
Geschichte Schatzhaus zeigt Riesigstes,
Deutschsprachig Länder Nationalmuseum.

Edel vorgehoben Puppenstuben
Zum Muss Lebkuchen Präsent.
Mehr und mehr Spielzeugmuseum,
Haupt Siegeszug Advent.

Heimelig Gemüt Gaststätten,
Gut drauf die ganze Stadt.
Heilige biegen Häuserecken,
Regionale Chörlein angebracht.

Freiportal unkälbisch Ochsen,
Adam Kraft ein Künstlerwort.
Malerei von Albrecht Dürern,

Literat Hans Sachs im Ort.

Nürnberger Ei in weitem Ruf,
Sowie ein Gaudium in Domini.
Kanonenkugeln zur Karlsbrücke schuf,
Den Wünschen Schönbrunnen Ring.

Gigantisch Turmanlagen Trutz,
Merkwürdig Mischstil Opernhaus.
Ewig träumt Heilig Sebaldus,
Zu Fachwerk, Sandstein Baus.

Menschenrechte Stadt mit Burg
In Regel Werbebildnis ziert.
Wahrzeichen und Kaisergurt,
Perfekt Gefühl 13.Jahrhundert.

Sankt Jakobs, Johannis, Lorenz,
Sankt Klara, Martha, Sebaldus
Ragen in den Himmel Referenz,
Dem Kirchenkranz ein Engelgruß.

Christkindl öffnet Weihnachtstaumel.

Vogtland

Dem Erzgebirge sehr verwandt,
Mit Kaisers hoher Vogtesdichte.
Klingenthaler Winkel umspannend anerkannt,
Spitzen Instrumente selbst ausländisch Soliste.

Sanft sind seine Hügel
Thüringen, Sachsen geweiht.
Der Fichten Schneelast Bügel,
Für super Ferien bereit.

Vogelhaus im Winter

Mager Vogel Nahrung
Weißer Winter Pracht.
Menschen Liebe Wahrung.

Hübsches Haus am Fenster,
Kerne eingebracht.
Pickend Vöglein Wänster,
Kinderherz entfacht.

Erzgebirge Weihnachtsland

Wo der Täler Nebel wallen,
Streifen seelt von Ost nach West.
Heja Has' und Reh gefallen
Auers und Geising Berges fest.

Blühend, duftend Arzgebirg.

Land geschmückter Sitten, Bräuche,
Der Bergparaden Brüderschaft.
Adam Riese, Silbermann Orgelbäuche,
Karl Stülpner ohne Rechenschaft.

Glückauf Deiner Funde Arzgebirg.

Verloschen der Trabant Zweitakter,
Oberwiesenthals Bedeutung fort.
Vergangenheit Schätze kein Einakter,
Wander Paradies und Wintersport.

Reich, selig Arzgebirg.

Schöne Burg Scharfenstein,
Bergbau Lehrpfad, gut essen und trinken.
Vorbei an Heimatschnitzereien,
Fahrt auf den Fichtelberg und winken.

Singendes, klingendes Arzgebirg.

Glänzend roter Kugeln
Des Lamettas Fall.
Gedrechselt Lichterengeln
Räuchermännl überall.

Kerzen aller Herzen Arzgebirg.

Export Weltmeister

Bitte exportiere:

Weniger Soldaten Leben
Global soziale Ideen

Grundsicherung Rezepte
Herrlichkeit Konzepte

Spitzen Patent Lizenzen
Bildung, Ethik Lenzen

Literatur, Kunststück
Hoffnung und Musik

Fußballer im Tor
Witz und Humor

Deutsche Wünsche

Weniger Raubtier Gesetze,
Damit sich das Volk nicht erschöpfe.

Pflicht Lebensjahr von sozialer Hilfe
Für jedes Regierungsmitglied – ohne Gehilfe.

Im Lande allen gleiche Mindestsätze,
Nicht nur den Herrschenden Steuerschätze.

Einen höheren Freibetrag bei Zinsen,
Würdig Rente mit 55 beim Politiker Hinsehn.

Gesunde Arbeitsplätze fehlender Schmach,
Das heißt, es gibt keinen Psychiater danach.

Beschäftigung auch in Wohnungsnähe,
Damit ein Leben nicht fahrend vergehe.

Ideen für eine Gesellschaft ohne Arbeitsplätze,
Sonst wird weiter Fortschritt Kinder ersetzen.

Geförderte Bildung Schule nach.
Jeder darf bleiben recht wach.

Keine Ängste zu Weihnachten.

Adventlichter

Lebkuchen und Weihnachtsherzen,
Mandeln und Rosinenstollen.
Wachs gestaltet viele Kerzen,
Fest Bereitung läuft im Vollen.
Ein Licht am grün-rot Kranze.

Duftend, qualmend Räuchermänner,
Gefüllte Stiefel Niklauszeit.
Weihnachtsmärkte weiß der Kenner,
Durch Gassen schleicht die Heimlichkeit.
Zwei Licht am grün-rot Kranze.

Lichtelsinger, Kirchenstimmen,
Bei Geschenke Sammelung.
Besinnlichkeit zeigt ein Gewinnen,
Reich verzierte Eingebung.
Drei Licht am grün-rot Kranze.

Vierundzwanzig Kästchenkalender
Schwenkt bald alle Türen.
Unruhig warten schon die Kinder,
Nah Heilige Nacht Allüren.
Vier Licht am grün-rot Kranze.

Christlich Weihnachtsfest

Rentier vor des Weihnacht Schlitten,
Warst Du artig oder nicht.
Ruprecht lässt die Kindlein bitten,
Bärtiger hält Schenk Gericht.
Funkelnd Weihnacht uns erzählt,
Alles was der Christe wählt.

Zu Bethlehem geboren war,
Still, Still und Ave Maria.
Hirten seht Messias Wiege klar,
Fröhlich, aller Zeiten wieder.
Funkelnd Weihnacht uns erzählt,
Heilig Erde eingestellt.

Nun freut Euch mitten der Nacht,
Schmücke Dich, Du liebe Seele.
Die Straße entlang süß Klingen erwacht,
Schneeflöckchen schweben leise.
Funkelnd Weihnacht uns erzählt,
Aufgespannt ein Engel Zelt.

Sanctus Ihr Engel und Christen,
Gekommen die Himmel zu rühmen.
Krönung Messe, Jubilate und Amen,
Ehre sei Gott in den Höhen.
Funkelnd Weihnacht uns erzählt,
Kommend Licht der ganzen Welt.

Silvester

An des Jahres Laufes Neige
Tagesheilig Papst Silvester.
Lichterblumen fallen, steigen,
Leuchtraketen, laute Kracher.
An der Türe Knall
Bringt mich fast zu Fall.

Bowle, geschmückte Tafelspeisen,
Zischen, Lachen, Juxbonbon.
Papphüte und Konfettiregen,
Aller Sender lärmend Brauchtum.
Schon wieder Brüderschaft,
Rauschend läuft der Gerstensaft.

Gigantisch Abschied Gala,
Pfeifen teilt Erden Gasgemisch.
Vorsätze Philosophie Hangar,
Dann einwandfreien Rutsch.
Wünsche an der Bar,
Das Beste im Neuen Jahr.

Großer Zapfenstreich gleich

Ausgerollt liegt roter Teppich
Für Fernsehen und die Nation.
Dem Kanzler gilt erhoben Abschied,
Bundeswehr Parade Thron.

Militärfackeln umrungen
Held gleich Siegesgott.
Hochoffiziellen Stilen
Marsches Wert Gestaltung.

Tambourmajors Begriffe
Jung Söhnen Germanias.
Musenkriegers Schliffe,
Strahlhelm angepasst.

Das Gewehr über, Gewehr ab.
Großer Zapfenstreich rührt.
Augen geradeaus, Serenade Start.
Musik, Musik, dem sie gebührt.

Soldaten exakt und brav,
Tränen rollen aus Kanzleraugen.
Bis zum Stillgestanden scharf,
Großer Zapfenstreich im Laufen.

Helm ab, zum Gebet.
Helm auf, präsentiert das Gewehr.
Nationalhymne Einigkeit regt.

Blühe mein Vaterland fair.

Zur Meldung Augen rechts.
Melde Großen Zapfenstreich ab.
Und Marsch, so ist es recht.
Dank Weg Gefährten Handschlag.

INHALTSVERZEICHNIS

Erdunion
Befreundete Geheimdienste
Erschaffung der Welt
Reicht euch weltweit die Hände zum Bunde!
Dasein heute
Geber Präsident
SGSG
Deutschland weine nicht
Polizeiwesen
Haupt Stadt Berlin
Gute Nacht
Einheitsdenkmal
Hochglanz Potsdam
Magdeburg seiner Börde
Frühjahrsputz
Harz Brocken
April
Entwicklung
Gottesdienst
Osterfreuden
Welfenstadt Braunschweig
Niedersächsisch Hannover
Der Programmierer
Teutoburger Wald
Stillleben
Schicksals Melodei
Friedhof
Münster wildes Münsterland
Mai
Kölle Köln Alaaf

Bewaldet Sauerland
Einfach Kassel
Halle an der Saale
Leipzig weltgewandt
Schrebergarten
Flügle bunter Schmetterling
Juni
Lutherstadt Wittenberg
Niederlausitzer Cottbus
Spreepark Lausitz
Sächsisch Dresden
Chemnitz im Sachsenland
Wohnung vergangener Berümtheit
Bilder allen Häusern
Dichtung Weimar
Hochoffiziell Schreiben
Deutscher Edelmann
Sehr gutes Benehmen
Schwarz Rot Gold
Thüringer Wald aus Natur
Kindergarten von Fröbel
Zirkus Clown
So barock Würzburg
Flughafen
Buchmesse
Frankfurt am Main finanziell
Existenzgründung
Innovationen
Von der Tankstelle
Winzerlich Moseltal

Vogelhaus im Winter
Erzgebirge Weihnachtsland
Export Weltmeister
Deutsche Wünsche
Adventlichter
Christlich Weihnachtsfest
Silvester
Großer Zapfenstreich gleich

Herstellung und Verlag:
BoD - Books on Demand, Norderstedt
ISBN 978-3-8370-9319-3